CATALOGUE

DES

DESSINS ET AQUARELLES

DE

M. CHARLES PENSÉE

DONT L'EXPOSITION AURA LIEU

En l'une des salles de la mairie d'Orléans

Les samedi 2 et dimanche 3 mars 1872
à midi précis

LA VENTE LES 4, 5 ET 6 MARS A LA MÊME HEURE

Dans l'une des salles de l'Institut

Par le ministère d'un commissaire-priseur
Assisté de M. HERLUISON, expert.

PARIS
IMPRIMERIE ADOLPHE LAINÉ
RUE DES SAINTS-PÈRES, 19

1872

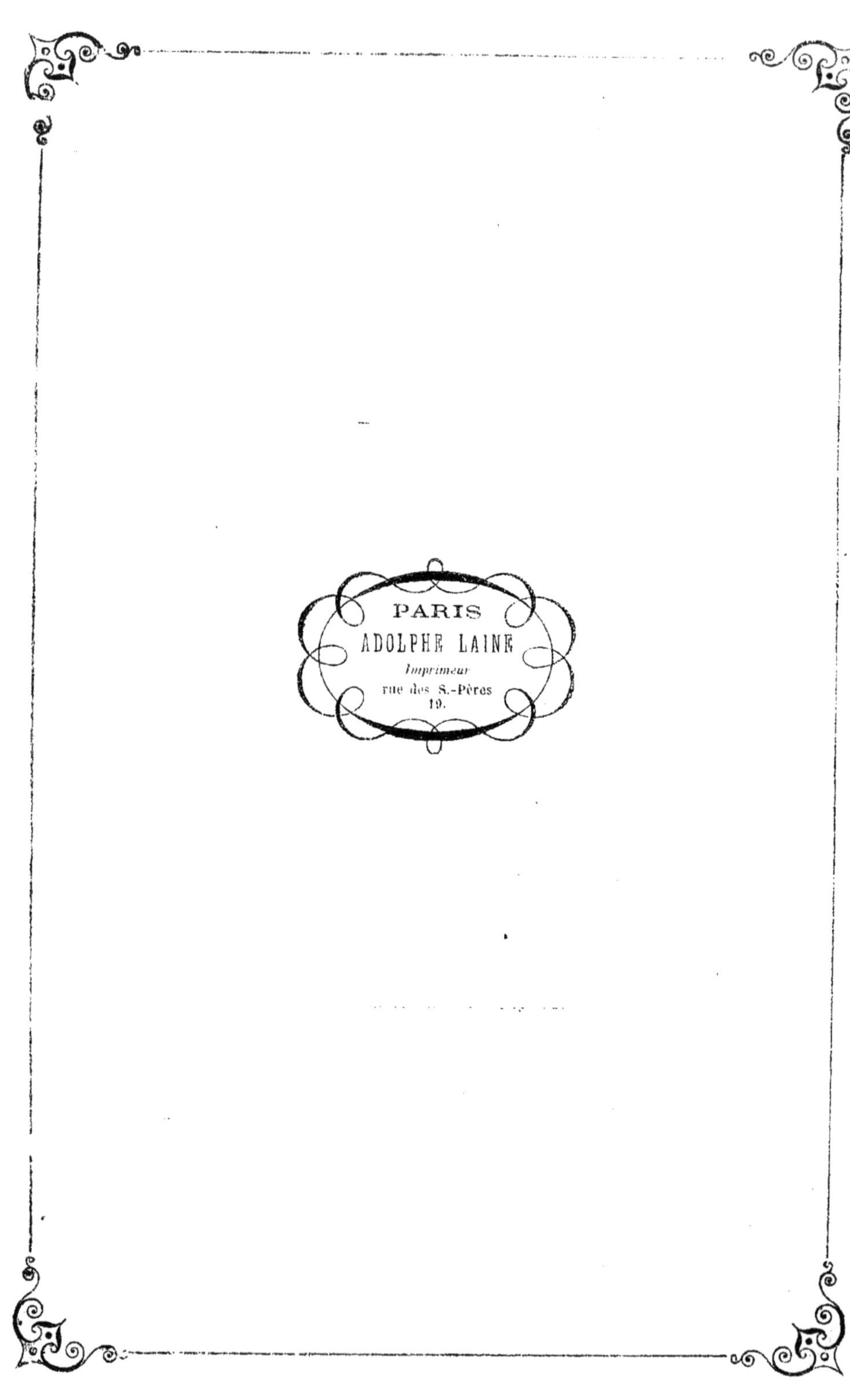
PARIS
ADOLPHE LAINE
Imprimeur
rue des S.-Pères
19.

CATALOGUE

DES

DESSINS ET AQUARELLES

DE

M. CHARLES PENSÉE

CONDITIONS DE LA VENTE.

Elle sera faite au comptant.

Les adjudicataires payeront 6 pour cent en sus des enchères applicables aux frais.

CATALOGUE

DES

DESSINS ET AQUARELLES

DE

M. CHARLES PENSÉE

DONT L'EXPOSITION AURA LIEU

En l'une des salles de la mairie d'Orléans

Les samedi 2 et dimanche 3 mars 1872
à midi précis

LA VENTE LES 4, 5 ET 6 MARS A LA MÊME HEURE

Dans l'une des salles de l'Institut

Par le ministère d'un commissaire-priseur
Assisté de M. HERLUISON, expert.

PARIS
IMPRIMERIE ADOLPHE LAINÉ
RUE DES SAINTS-PÈRES, 19

1872

Le 13 juillet 1871, une foule émue et recueillie suivait, à Orléans, le convoi d'un homme de bien, d'un artiste distingué, de monsieur Pensée. Charles-François-Joseph Pensée était né à Épinal, le 10 avril 1799. Jeune encore, il perdit son père : après ce douloureux événement, il se jeta dans les bras de sa mère, lui promettant qu'il ne faillirait pas à ses devoirs de fils. Cet engagement fut pieusement tenu. Ayant reçu des leçons de dessin, de M. Hogard, son oncle, habile inspecteur géomètre, M. Pensée fut d'abord attaché à M. Jollois, ingénieur en chef à Épinal, puis à Orléans. Désirant être professeur de dessin dans cette ville, le jeune artiste vint à Paris : et pour se rendre plus digne de la tâche qu'il s'était imposée, il entra dans l'atelier de M. Hubert, aquarelliste en réputation. Le maître était aussi assidu à donner ses leçons que l'élève à les recevoir. Après quelques mois, les progrès de ce dernier furent sensibles !

Un soir, MM. Hubert et Pensée étaient réunis dans une maison amie. M. Pensée fit un de ces dessins à la sépia dans lesquels il excellait : il avait pris pour sujet une église gothique. Le dessin lui semblait assez réussi : M. Hubert, le regardant, dit à son élève : « *Mon cher ami, je vous conseille de retourner chez vous, car je n'ai plus rien à vous apprendre.* » Ce compliment rendit heureux le futur professeur qui, pensant à sa mère, à ses sœurs, se disait : « *Je pourrai vivre indépendant, et contribuer par mon talent au bonheur de celles que j'aime.* »

Il contribuait aussi au bonheur d'autres personnes, ayant été toute sa vie d'une générosité incomparable ; aussi, disait-on de lui : *que s'il avait eu un million, il n'aurait pas gardé un franc pour lui.*

De retour à Orléans, M. Pensée eut quelques élèves : bientôt, le nombre en augmenta, tant le professeur était affable et bienveillant. Aux leçons particulières vinrent se joindre les leçons du lycée. Malgré un travail assidu de chaque jour, le jeune artiste trouvait encore le temps d'accroître son talent. Les vacances venues, le repos était nécessaire : M. Pensée le prenait, en travaillant encore, en travaillant toujours. Il partait, le sac au dos, emportant crayons et papiers, et allant en Suisse, en Auvergne, en Bretagne, dans la Creuse, et sur les bords de la Cure dans le Morvand. Cette excursion annuelle terminée, les amis de M. Pensée, et ils étaient nombreux, recevaient sa visite. Les heureux possesseurs de beaux chênes et de prairies aux rives pittoresques, offraient à l'artiste orléanais une hospitalité qui ne pouvait être oubliée, à cause de l'aménité que M. Pensée apportait dans ses relations et des études qu'il avait faites. Avant la réouverture des cours, avant la reprise des leçons, les dessins étaient classés ; des albums étaient composés ; et des richesses précieuses pour le département du Loiret, et pour tous les pays dans lesquels l'artiste si regretté a séjourné, étaient accumulées.

A la fin de sa vie, M. Pensée, souffrant d'une maladie du cœur, gardait le lit, ou restait assis dans un fauteuil : il portait un regard attendri vers ses dessins qu'il aimait, qu'il appelait *ses chers dessins;* il semblait dire : « *Que deviendront-ils, ces amis de ma vie?* » Ces dessins vont être dispersés. Beaucoup resteront à Orléans ; ceux qui seront achetés par des amateurs étrangers à la ville porteront au loin le nom d'un artiste qui a aimé d'un grand amour Dieu, sa famille, la nature, et tout ceux qui souffrent.

CATALOGUE

DES

DESSINS DE M. PENSÉE

1. Tour carrée en ruine et maisons, à Menetout-sur-Cher.

Aquarelle. L. 0,44; h. 0,27.
Signée C. Pensée.

2. Maisons à droite et à gauche d'une rue ; au bout de la rue, vieille tour carrée.

Aquarelle. L. 0,44; h. 0,27.
Signée C. Pensée.

3. Vieille tour carrée servant de porte de ville, à Menetout-sur-Cher.

Aquarelle. H. 0,43; l. 0,27.
Signée C. Pensée.

4. Grands arbres au Caillou, sur les bords du Loiret.

Fusain rehaussé sur papier gris.
L. 0,60; h. 0,46.
Signé C. Pensée : daté au Caillou 1856.

5. Moulin au Caillou, sur le bord du Loiret.

Dessin au fusain rehaussé sur papier gris. Signé et daté 12 octobre 1854.

L. 0,62 ; h. 0,43.

6. Arbres du Caillou, sur le bord du Loiret. Deux bateaux et des canards au premier plan.

Dessin au fusain signé.

L. 0,61 ; h. 0,43.

7. Allou, près Sandillon (Loiret). Deux cygnes sur un étang.

Fusain rehaussé sur papier gris. Signé et daté 1854.

L. 0,61 ; h. 0,44.

8. Château entouré d'arbres, à Villeneuve-l'Étang (Seine-et-Oise).

Fusain sur papier gris rehaussé.

L. 0,60 ; h. 0,44.

9. Parc à Villeneuve-l'Étang (Seine-et-Oise). A droite, un pont.

Fusain sur papier gris rehaussé. Signé et daté 9 octobre 1855.

L. 0,60 ; h. 0,43.

10. Parc à Villeneuve-l'Étang (Seine-et-Oise). A droite, un bateau chargé de trois personnes.

Fusain sur papier gris rehaussé de pastel et de blanc. Daté 9 octobre 1855.

L. 0,60 ; h. 0,43.

11. Château, communs et parc à Villeneuve-l'Étang (Seine-et-Oise).

Crayon noir rehaussé. Signé et daté 9 octobre 1855.

L. 0,60 ; h. 0,43.

12. Grands arbres aux Marais, près Sandillon (Loiret).

Aquarelle datée 20 août 1862.
L. 0,51 ; h. 0,34.

13. La ferme dés Marais, près Sandillon (Loiret).

Crayon noir rehaussé de pastel. Signé.
L. 0,60 ; h. 0,44.

14. Vieux chênes aux Marais, près Sandillon (Loiret). Au premier plan, des roseaux.

Signé 24 août 1862.
H. 0,58 ; l. 0,44.

15. Arbres au bord d'un étang, aux Marais.

Crayon noir rehaussé de blanc. Signé et daté 10 septembre 1851.
L. 0,60 ; h. 0,43.

16. Arbres dans le parc du château de la Porte, commune de Sandillon (Loiret).

Aquarelle datée 21 août 1862.
L. 0,51 ; h. 0,34.

17. Grands chênes dans le parc du château de la Porte. Trois vaches au premier plan.

Aquarelle datée 22 août 1862.
L. 0,51 ; h. 0,34.

18. Arbres dans le parc du château de la Porte. Au premier plan, à droite, un tronc d'arbre coupé.

Aquarelle. L. 0,51 ; h. 0,34.

19. Étude de terrain dans le parc du château de la Porte.

Aquarelle. L. 0,44 ; h. 0,27.

20. Arbres dans le parc du château de la Porte. Effet d'automne.

Aquarelle. L. 0,44; h. 0;27.

21. Arbres du parc du château de la Porte. A gauche, près d'un arbre coupé, un homme debout.

Aquarelle. L. 0,44; h. 0,27.

22. Arbre débité dans le parc du château de la Porte.

Aquarelle. L. 0,38; h. 0,27.

23. Arbres du parc du château de la Porte. Au milieu, deux meules de blé.

Aquarelle signée. L. 0,44; h. 0,27.

24. Grand chêne dans le parc du château de la Porte.

Dessin au crayon noir rehaussé sur papier gris.
Signé C. Pensée. H. 0,61; l. 0,46.

25. Chêne près du château de la Porte.

Dessin au crayon noir rehaussé sur papier bleu. Signé et daté 27 septembre 1863.
L. 0,59; h. 0,45.

26. Sapins dans le parc du château de la Porte.

Dessin au crayon noir rehaussé sur papier bleu. Signé et daté 1857.
H. 0,63; l. 0,47.

27. Croquis de vieux chênes. Deux personnages au premier plan.

Dessin au crayon noir rehaussé sur papier bleu. Signé et daté 1857.
L. 0,60; h. 0,45.

28. Arbres dans le parc du château de la Porte. Au premier plan, un pont et un arbre mort renversé.

Dessin sur papier gris au crayon noir rehaussé. Signé et daté 1857.

L. 0,60; h. 0,45.

29. Étude de sapins dans le parc du château de la Porte.

Dessin sur papier gris au crayon noir rehaussé. Signé et daté 1857.

L. 0,60; h. 0,45.

30. Arbre dépouillé de ses feuilles, dans le parc du château de la Porte.

Dessin sur papier bleu au crayon noir rehaussé. Signé C. Pensée et daté 1857.

L. 0,60; h. 0,45.

31. Étude de chênes dans le parc du château de la Porte.

Dessin sur papier bleu, au crayon noir rehaussé. Signé C. Pensée.

L. 0,60; h. 0,46.

32. Étude de chênes dans le parc du château de la Porte.

Dessin sur papier bleu au crayon noir rehaussé de pastel et de blanc. Signé et daté 23 août 1862.

L. 0,60; h. 45.

33. Étude de chênes dans le parc du château de la Porte. Au premier plan, à gauche, un artiste sous son parasol; à droite, de l'eau.

Dessin sur papier bleu au crayon noir rehaussé de blanc et de pastel. Signé et daté 23 août 1862.

L. 0,55; h. 0,43.

34. Étude de chênes dans le parc du château de la Porte.

Dessin sur papier bleu rehaussé de blanc. Signé et daté 23 août 1862.

L. 0,60 ; h. 0,44.

35. Étude de chênes dans le parc du château de la Porte. Au premier plan, un homme pêche.

Dessin sur papier bleu, au crayon noir rehaussé. Signé et daté 1857.

L. 0,60 ; h. 0,46.

36. Sologne. — Frontispice. A gauche, une bergère assise tricote ; à droite, un jeune berger est couché ; au milieu, le mot SOLOGNE, dont les trois dernières lettres sont en partie cachées par des nuages.

Dessin sur papier bleu rehaussé de pastel et de blanc. Signé. Ovale L. 0,39 ; h. 0,22.

37. Grand chêne en Sologne. A gauche, deux vaches conduites par un homme.

Aquarelle. L. 0,51 ; h. 0,37.

38. Grands arbres en Sologne. A gauche, une femme vient laver du linge dans un étang.

Aquarelle. L. 0,51 ; h. 0,36.

39. Bois de chênes.

Aquarelle signée et datée 25 septembre 1860.

L. 0,44 ; h. 0,27.

40. Grand chêne au Grand-Lauré, près Rère (Loir-et-Cher).

Dessin sur papier bleu au crayon noir rehaussé. Signé et daté 25 septembre 1860.

L. 0,60 ; h. 0,45.

41. Chênes, eau et pont à Rère.

Aquarelle datée 26 septembre 1860.

L. 0,50 ; h. 0,37.

42. Groupe d'arbres près Rère. A gauche, de l'eau.

Dessin sur papier bleu au crayon noir rehaussé. Signé et daté 26 septembre 1860.

L. 0,60 ; h. 0,43.

43. Groupe de chênes près Rère.

Dessin sur papier bleu au crayon noir rehaussé. Signé et daté 26 septembre 1860.

L. 0,60 ; h. 0,45.

44. Pont et chênes près le château d'Ardeloup.

Dessin sur papier bleu, au crayon noir rehaussé. Signé et daté 27 septembre 1860.

L. 0,60 ; h. 0,45.

45. Pont et chênes au château d'Ardeloup. A droite, un paysan assis.

Aquarelle signée et datée 27 septembre 1860.

L. 0,51 ; h. 0,37.

46. Étude d'un tronc de chêne, près duquel un homme se tient debout.

Dessin sur papier bleu au crayon noir rehaussé. Signé et daté 28 septembre 1860.

L. 0,60 ; h. 0,45.

47. Étude de chênes, d'eau et de roseaux, à la Rère (Loir-et-Cher).

Dessin sur papier bleu au crayon noir rehaussé. Signé et daté 1er octobre 1860.

L. 0,75 ; h. 0,45.

48. Étude de chênes, d'eau et de roseaux, à la Rère (Loir-et-Cher).

Dessin sur papier bleu au crayon noir rehaussé. Signé et daté 4 octobre 1860.

L. 0,60; h. 0,45.

49. Chênes. Au premier plan, de l'eau et des roseaux. La Rère.

Signé et daté 4 octobre 1860.

L. 0,50; h. 0,37.

50. Paysage. Aquarelle.

Id. Id.

Deux feuilles réunies.

L. 0,27: h. 0,18.

51. Pont sur la Rère.

Crayon noir rehaussé de blanc sur papier bleu. Signé et daté 4 octobre 1860.

L. 0,60; h. 0,45.

52. Étude de chênes et d'eau.

Crayon noir rehaussé de blanc sur papier bleu. Signé et daté 5 octobre 1860.

L. 0,60 ; h. 0,44.

53. Étude d'arbres, près Rère.

Crayon noir rehaussé sur papier bleu. Signé et daté 13 avril 1860.

L. 0,60 ; h. 0,42.

54. Étude d'arbres et de broussailles, près Rère.

Crayon noir rehaussé de blanc sur papier bleu. Signé et daté 13 avril 1860.

L. 0,60 ; h. 0,43.

55. Étude de troncs d'arbres, à Rère. A droite, un homme couché.

Dessin sur papier bleu au crayon noir rehaussé. Signé et daté avril 1860.

L. 0,60 ; h. 0,45.

56. Étude d'arbres à Rère. A gauche, dans le lointain, le château.

Dessin sur papier bleu au crayon noir rehaussé. Signé et daté 15 avril 1860.

L. 0,60; h. 0,45.

57. Étude de bouleaux, près Rère.

Dessin sur papier bleu au crayon noir rehaussé. Signé et daté 15 avril 1860.

L. 0,60 ; h. 0,45.

58. Étude de chênes, près le château de Rère. Au premier plan, un homme debout tient un bâton.

Dessin sur papier bleu, au crayon noir rehaussé. Daté 16 avril 1860.

L. 0,60 ; h. 0,45.

59. Château de Rère (Loir-et-Cher).

Crayon noir rehaussé de blanc. Signé et daté 16 avril 1860.

L. 0,60; h. 0,42.

60. Étude de chênes, aux Prateaux (Loiret).

Aquarelle signée et datée 3 octobre 1856.

L. 0,60; h. 0,44.

61. Étude de chênes, aux Prateaux. Deux vaches dans le coin à gauche.

Aquarelle signée et datée 3 octobre 1856.

L. 0,60 ; h. 0,44.

62. Ferme aux Prateaux (Loiret).

Aquarelle. L. 0,44, h. 0,27.

63. Étude d'arbres, aux Prateaux.

Aquarelle signée et datée mercredi 2 octobre 1856.

L. 0,60 ; h. 0,45.

64. Étude de chênes, aux Prateaux.

Aquarelle signée et datée 2 octobre 1856.

L. 0,60 ; h. 0,45.

65. Étude d'arbres.

Dessin sur papier gris au crayon noir rehaussé. Signé et daté 5 octobre 1856.

L. 0,60 ; h. 0,43.

66. Étude d'arbres. Dans le lointain, à gauche, le château des Prateaux.

Dessin sur papier gris au crayon noir rehaussé. Signé et daté 5 octobre 1856.

L. 0,61 ; h. 0,41.

67. Étude d'arbres, aux Prateaux.

Dessin sur papier gris au crayon noir rehaussé.

L. 0,61 ; h. 0,45.

68. Étude de chênes.

Dessin sur papier gris au crayon noir rehaussé. Signé et daté 6 octobre 1856.

L. 0,60 ; h. 0,45.

69. Étude d'arbres et d'eau, aux Prateaux.

Dessin sur papier gris au crayon noir rehaussé. Signé et daté 5 octobre 1856.

L. 0,60 ; h. 0,45.

70. Étude d'arbres, aux Prateaux.

Dessin sur papier gris au crayon noir rehaussé. Signé et daté 1er octobre 1856.

L. 0,60 ; h. 0,45.

71. Arbres et étang à la Grisonnière (Loiret).

Aquarelle signée et datée 24 septembre 1862.

L. 0,51 ; h. 0,34.

72. Étang de la Grisonnière (Loiret). Vieux chênes à droite.

Dessin sur papier gris au crayon noir rehaussé. Signé et daté 24 septembre 1862.

L. 0,60 ; h. 0,45.

73. Étang de la Grisonnière, Vieux chênes sur ses bords.

Dessin au crayon noir rehaussé de blanc et de pastel. Signé et daté 23 septembre 1862.

L. 0,60 ; h. 0,45.

74. Groupe de chênes à la Grisonnière.

Aquarelle signée et datée 23 septembre 1862,

L. 0,51 ; h. 34.

75. Chênes à la Grisonnière. A droite, un bouleau au bord de l'eau.

Aquarelle signée et datée 24 septembre 1862.

L. 0,51 ; h. 0.34.

76. Communs de la propriété de Chartraine (Loiret).

Dessin au crayon noir rehaussé de pastel. Signé et daté 19 septembre 1862.

L. 0,59 ; h. 0,43.

77. Bois aux Aisses (Loiret). Au milieu de ces bois, un chasseur.

Dessin sur papier gris, au crayon rehaussé de pastel. Daté 17 septembre 1862.

L. 0,59 ; h. 0,45.

78. Arbres à la Tuile (Loiret). Deux femmes au premier plan ; à gauche, une maison.

Dessin au crayon noir rehaussé de pastel. Signé et daté 3 octobre 1862.

L. 0,60 ; h. 0,44.

79. Arbres à la Tuile (Loiret). Au premier plan, un arbre mort arraché.

Dessin au crayon noir rehaussé de pastel. Signé et daté 1er octobre 1862.

L. 0,59 ; h. 44.

80. Groupe de chênes à la Tuile.

Dessin au crayon noir rehaussé de pastel. Signé et daté 1er octobre 1862.

L. 0,59 ; 0,44.

81. Groupe de chênes à la Tuile (Loiret). A gauche, deux vaches blanches sont indiquées.

Dessin au crayon noir rehaussé. Daté 23 septembre 1862.

L. 0,60 ; h. 45.

82. Paysage à la Tuile (Loiret). Une femme conduit trois vaches.

Dessin sur papier gris, au crayon noir rehaussé. Daté 15 septembre 1862.

L. 0,61 ; h. 0,41.

83. Groupe d'arbres à la Tuile. Devant, une femme; à gauche, quelques vaches.

Dessin au crayon noir rehaussé de pastel. Signé et daté 13 septembre 1862.

L. 0,59 ; h. 0,45.

84. Groupe de chênes à la Tuile (Loiret).

Dessin au crayon noir rehaussé de pastel. Signé et daté.

L. 0,60 ; h. 0,45.

85. Bois de chênes à la Tuile (Loiret). A droite, un homme tient un bâton.

Dessin sur papier gris, au crayon noir rehaussé de pastel. Daté 13 septembre 1862.

L. 0,60 ; h. 0,46.

86. Paysage près de la Tuile. A droite, du bois empilé.

Aquarelle datée 29 septembre 1862.

L. 0,44 ; h. 0,27.

87. Arbres à la Tuile. A gauche, de l'eau.

Aquarelle. L. 0,44 ; h. 0,27.

88. Groupe d'arbres au second plan, à la Tuile.

Aquarelle datée 30 septembre 1862.
L. 0,51 ; h. 0,29.

89. Grands chênes à la Tuile. Effet du soir.

Aquarelle signée et datée 22 septembre 1862.
L. 0,51 ; h. 0,34.

90. Chênes à la Tuile, et arbrisseaux au premier plan.

Aquarelle signée et datée 22 septembre 1862.
L. 0,51 ; h. 0,34.

91. Arbres à la Tuile. A droite, un tronc d'arbre mort ; au premier plan, un chêne coupé garni de toutes ses feuilles.

Aquarelle datée 29 septembre 1862.
L. 0,44 ; h. 0,27.

92. Paysage à la Tuile.

Aquarelle datée 29 septembre 1862.
L. 0,51 ; h. 0,33.

93. Parc de Claireau (Loiret).

Dessin au crayon noir rehaussé sur papier gris.
L. 0,60 ; h. 0,45.

94. Parc de Claireau (Loiret). A gauche, un four à charbon.

Dessin au crayon noir rehaussé sur papier gris.
L. 0,61 ; h. 0,55.

95. Parc de Claireau. Au premier plan, de l'eau et une grue.

Dessin sur papier gris au crayon noir rehaussé.
L. 0,61 ; h. 0,40.

96. Bois de Claireau. A gauche, un homme assis, son chien près de lui.

Dessin sur papier gris au crayon noir rehaussé. Signé. L. 0,61 ; h. 0,45.

97. Château de Claireau (Loiret).

Dessin sur papier gris, au crayon noir rehaussé. Signé. L. 0,61 ; h. 0,45.

98. Sapins dans le parc de Méréville (Seine-et-Oise).

Dessin au crayon noir rehaussé de pastel et de blanc. Daté 29 septembre 1861.

L. 0,59 ; h. 0,45.

99. Chênes dans le parc de Méréville.

Dessin au crayon noir rehaussé de pastel et de blanc. Signé et daté 30 septembre 1861.

H. 0,60 ; l. 0,45.

100. Parc de Méréville (Seine-et-Oise). Arbres au le bord d'un étang sur lequel sont deux cygnes.

Dessin sur papier gris rehaussé de pastel et de blanc. Signé et daté 1er octobre 1861.

L. 0,46 ; h. 0,31.

101. Château de Méréville (Seine-et-Oise).

Aquarelle signée 1er octobre 1861.

L. 0,51 ; h. 0,34.

101 *bis*. Parc de Méréville.

Aquarelle datée 31 septembre 1861.

L. 0,51 ; h. 0,34.

102. Parc de Méréville. Vaches et moutons à droite.

Aquarelle datée 31 septembre 1861.

L. 0,51 ; h. 0,34.

103. Parc de Méréville. Arbres au bord de l'eau, à gauche, des moutons, un berger et son chien.

Aquarelle datée 29 septembre 1861.

L. 0,51 ; h. 0,34.

104. Rochers près le château de Rouville (Loiret).

Aquarelle signée et datée 7 septembre 1867.

L. 0,51 ; h. 0,34.

105. Rochers près Malesherbes (Loiret).

Aquarelle signée et datée septembre 1867.

L. 0,51 ; h. 0,34.

106. Rochers près Malesherbes. A gauche, un homme debout au milieu des rochers.

Aquarelle signée et datée septembre 1867.

L. 0,51 ; h. 0,34.

107. Château de Rouville (Loiret).

Dessin sur papier gris, au crayon noir rehaussé. Daté 28 août 1867.

L. 0,59 ; h. 0,43.

108. Pins dans le parc de Rouville.

Dessin sur papier gris, au crayon noir rehaussé. Signé et daté 25 août 1867.

L. 0,59 ; h. 0,44.

109. Château de Rouville. A gauche, des rochers, et une femme assise qui lit.

Dessin sur papier gris, au crayon noir rehaussé. Signé et daté 24 août 1867.

L. 0,60 ; h. 0,45.

110. Château de Rouville.

Dessin sur papier gris au crayon noir rehaussé. Daté 27 août 1867.

L. 0,59 ; h. 0,42.

111. Château de Rouville au dernier plan ; au second, un village; au premier, un chasseur et son chien.

Dessin sur papier bleu, au crayon noir rehaussé. Signé et daté 2 septembre 1867.

L. 0,59; h. 0,37.

112. Château de Rouville à M. le vicomte d'Abo-ville.

Dessin sur papier gris, au crayon noir rehaussé de pastel et de blanc. Daté août 1867.

L. 0,83; h. 0,44.

113. Parc et château de Rouville.

Dessin sur papier gris, au crayon noir rehaussé de pastel et de blanc. Daté 27 août 1867.

L. 0,90; h. 0,45.

114. Parc et château de Rouville. Deux dames à gauche; à droite, trois vaches.

Dessin sur papier gris, au crayon noir rehaussé. Daté août 1867.

L. 0,87; h. 0,52.

115. Parc de Châteauneuf (Loiret). Le clocher de la ville dans le fond; de l'eau, au premier plan.

Aquarelle signée 23 août 1864.

L. 0,44 ; h. 0,27.

116. Parc de Châteauneuf (Loiret). Sapin et peuplier: de l'eau à droite.

Aquarelle datée 23 août 1864.

L. 0,44 ; h. 27.

117. Grandes plantes au bord de l'eau dans le parc de Châteauneuf.

Aquarelle datée 23 août 1864.

L. 0,44 ; h. 0,27.

118. Sapins dans le parc de Châteauneuf.

Aquarelle signée et datée 21 août 1864.

L. 0,51; h. 0,34.

119. Sapins dans le parc de Châteauneuf (Loiret). Au premier plan, une femme porte du bois mort.

Aquarelle datée 21 août 1864.

L. 0,51; h. 0,34.

120. Étude d'arbres dans le parc de Châteauneuf.

Dessin sur papier gris, au crayon noir rehaussé. Daté 18 août 1867.

L. 0,53; h. 0,39.

121. Étude d'arbres dans le parc de Châteauneuf : de l'eau au premier plan.

Dessin sur papier gris, au crayon noir rehaussé. Daté 18 août 1864.

L. 0,53; h. 0,39.

122. Étude de pin et de peuplier dans le parc de Châteauneuf (Loiret).

Dessin sur papier gris, au crayon noir rehaussé. Signé 22 août 1864.

H. 0,54; l. 0,41.

123. Étude d'arbres dans le parc de Châteauneuf.

Dessin sur papier gris, au crayon noir rehaussé. Daté 19 août 1864.

L. 0,40; h. 0,26.

124. Étude d'arbres dans le parc de Châteauneuf.

Dessin au crayon noir rehaussé. Signé et daté 23 août 1864.

L. 0,45; h. 0,29.

125. Grandes Plantes au bord de l'eau dans le parc de Châteauneuf (Loiret).

Dessin sur papier gris au crayon noir. Signé et daté 19 août 1864.

126. Effet de l'inondation à Jargeau (Loiret) en 1856.

Dessin sur papier gris, au crayon noir rehaussé de blanc. Signé.

L. 0,60 ; h. 0,43.

127. Effet de l'inondation à Jargeau.

Aquarelle signée et datée 15 juin 1856.

L. 0,44 ; h. 0,27.

128. Effet de l'inondation à Jargeau. Une famille dans un grenier.

Aquarelle signée et datée 15 juin 1856.

L. 0,38 : h. 0,26.

129. Effet de l'inondation à Jargeau.

Dessin sur papier gris au crayon noir rehaussé de pastel. Daté 2 octobre 1866.

L. 0,45 ; h. 0,29.

130. Effet de l'inondation à Jargeau.

Dessin au crayon noir rehaussé de pastel et de blanc. Signé et daté 2 octobre 1866.

L. 0,60 ; h. 0,42.

131. Effet de l'inondation à Jargeau, à la Croix-Rouge, faubourg Berri.

Aquarelle datée 4 octobre 1866.

L. 0,44; 0,27.

132. Effet de l'inondation à Jargeau, à la Croix-Rouge.

Aquarelle signée et datée 4 octobre 1866.

L. 0,44 ; h. 0,27.

133. Effet de l'inondation à Jargeau : moulin renversé.

Aquarelle signée et datée 3 octobre 1866.

L. 0,44 ; h. 0,27.

134. Effet de l'inondation à Jargeau, faubourg de Berri.

Aquarelle signée et datée 3 octobre 1866.

L. 0,44 ; h. 0,27.

135. Inondation de la Loire.

Dessin sur papier gris au crayon noir rehaussé.

L. 0,65 ; h. 0,40.

136. Inondation de la Loire à Jargeau, faubourg Berri.

Dessin sur papier jaune au crayon noir. Daté 8 juin 1856.

L. 0,63 ; h. 0,41.

137. Inondation de la Loire au faubourg Berri.

Dessin sur papier jaune au crayon noir. Daté Jargeau 8 juin 1856.

L. 0,65; h. 0,42.

138. Effet de l'inondation de la Loire.

Dessin sur papier gris au crayon noir.

L. 0,57; h. 0,37.

139. Moulin renversé par l'inondation de la Loire.

Dessin sur papier gris au crayon noir rehaussé. Signé et daté 2 octobre 1866.

L. 0,60 ; h. 0,43.

140. Église et tour à Vichy : quelques personnages au premier plan.

Dessin au crayon noir rehaussé. Signé et daté 4 août 1858.

L. 0,59; h. 0,45.

141. Fontaine sur une place de Vichy. Maisons à droite.

Dessin au crayon noir rehaussé. Signé et daté 5 août 1858.

L. 0,61 ; h. 0,43.

142. Château de Randon.

Dessin au crayon noir rehaussé de pastel et de blanc. Signé et daté 6 août 1858.

L. 0,60 ; h. 0,43.

143. Rochers aux Malavaux.

Dessin au crayon noir rehaussé de blanc. Signé et daté 9 août 1858.

L. 0,60 ; h. 0,45.

144. Porche de l'église Saint-Saturnin (XIe siècle) à Cusset.

Dessin sur papier gris au crayon noir. Signé et daté 8 août 1858.

L. 0,60 ; h. 0,45.

145. Rochers et arbres à Bade.

Dessin au crayon noir rehaussé. Signé et daté 7 septembre 1859.

H. 0,60 ; l. 0,46.

146. Rochers près du vieux château de Bade.

Dessin au crayon noir rehaussé. Signé.

H. 0,60 ; l. 0,45.

147. Cascade de Geroldsab (Grand-duché de Bade).

Dessin au crayon noir rehaussé. Signé et daté septembre 1859.

H. 0,60 ; l. 0,46.

148. Saint Charles Borromée.

Ovale. Pastel signé.

H. 0,32 ; l. 0,25.

149. Femme vue de trois quarts.

Dessins aux trois crayons. Signé.

H. 0,44 ; l. 0,28.

150. Cabinet où est né Calvin à Francfort.

Aquarelle signée.
H. 0,36; l. 0,25.

151. Maison à Trarbach.

Aquarelle signée.
H. 0,36; l. 0,24.

152. Mare près Villefaillier.

Aquarelle signée.
H. 0,35; l. 0,26.

153. Maison avec escalier.

Aquarelle signée.
H. 0,36; l. 0,26.

154. Ancienne fontaine de Guillaume Tell à Altorf.

Aquarelle signée.
H. 0,40; l. 0,27.

155. Arbres. Homme gravissant un tertre.

Aquarelle signée.
L. 0,44; h. 0,26.

156. Roches. Un chasseur.

Aquarelle signée.
L. 0,43; h. 0,27.

157. Chapelle. Femme devant.

Aquarelle signée.
L. 0,45; h. 0,27.

158. Pont de pierre, avec tourelle.

Aquarelle signée.
L. 0,43; h. 0,28.

159. Église romane d'Orsival.

Aquarelle signée.
L. 0,42; h. 0,27.

160. Ancien moulin d'Olivet (Loiret).

Aquarelle signée.
L. 0,31; h. 0,23.

161. Hêtres avec petite chapelle.

Aquarelle signée.
L. 0,44; h. 0,27.

162. Deux chênes à gauche sur le bord de l'eau.

Aquarelle signée.
L. 0,43; h. 0,27.

163. Pont de bois; buisson à gauche.

Aquarelle signée.
L. 0,44; h. 0,27.

164. Ruines d'une église à ogives.

Aquarelle signée.
L. 0,46; h. 0,30.

165. Pins à Vaugereau.

Aquarelle signée.
L. 0,44; h. 0,27.

166. Arbres devant une ferme.

Aquarelle signée.
L. 0.31; h. 0,24.

167. Porte de l'ancien château de Courbouson.

Aquarelle signée.
L. 0,27; h. 0,19.

168. Effet du soir Bâteau à voiles, deux hommes sur le rivage.

Aquarelle signée.
L. 0,39; h. 0,28.

169. Saint-Laurent-du-Pont (Dauphiné).

Aquarelle signée.
L. 0,49; h. 0,32.

170. Grand rocher. Homme et son chien.

Aquarelle signée.
L. 0,51; h. 0,37.

171. Ancien moulin d'Olivet.

Aquarelle signée.
L. 0,53; h. 0,35.

172. Arbres, petite barque.

Aquarelle signée.
L. 0,50; h. 0,36.

173. Village de Royat. Femme filant.

Aquarelle signée.
L. 0,50; h. 0,37.

174. Vue de Suisse. Rochers, sapins, lac.

Aquarelle signée.
L. 0,60; h. 0,43.

175. Étang à Tavers. Devant, un mur; dans le fond, des arbres.

Aquarelle signée.
L. 0,39; h. 0,26.

176. Chênes à gauche. Au premier plan, trois personnages; au dernier plan, montagnes couvertes de neige.

L. 0.43; h. 0,26.

177 à 250. Crayons noirs.

251. Entrée de la maison de Jeanne d'Arc à Domrémy. A droite, une église.

Pastel signé.
L. 0,45 ; h. 0,29.

— Vingt-deux figurines au pastel, sous les nos 252 jusqu'au n° 301.

— Trois Suisses.

— Six Bretons.

— Deux Dauphiné.

— Deux Berri et Gâtinais.

— Trois de la Creuse.

— Quatre de l'Orléanais.

— Deux de l'Auvergne.

— Vingt à trente feuillets au pastel et au crayon rouge.

302. Maison de Jeanne d'Arc.

Dessin à la plume.
H. 0,50; l. 0,33.

303. Paysage suisse.

Crayon brun signé.
H. 0,37 ; l. 0,27.

304. Rocher. Un héron à droite.

Crayon brun signé.
H, 0,37 ; l. 0,27.

305. Église de Bretagne.

Dessin sur papier bleu, au crayon noir rehaussé.
H. 0,30; l. 0,22.

306. Intérieur du fort Saint-Michel.

Dessin sur papier bleu, au crayon noir rehaussé, signé.
H. 0,30; l. 0,22.

307. Crypte de Saint-Aignan.

Dessin sur papier bleu, au crayon noir rehaussé, signé.
L. 0,39; h. 0,27.

308. Crypte de Saint-Avit.

Dessin sur papier bleu, au crayon noir rehaussé, signé.
L. 0,38; h. 0,27.

309. Crypte de Saint-Benoît-sur-Loire.

Dessin sur papier bleu, au crayon noir, signé.
L. 0,38; h. 0,26.

310. Royat.

Dessin sur papier bleu, au crayon noir rehaussé, signé.
L. 0,46; h. 0,30.

311. Église avec une porte ancienne.

Dessin sur papier bleu, au crayon noir rehaussé, signé.
L. 0,45; h. 0,30.

312. Bords de la Creuse.

Dessin sur papier bleu, au crayon noir rehaussé, signé.
L. 0,46; h. 0,30.

313. Paysage. Une femme assise au premier plan.

Dessin sur papier jaune, signé.
L. 0,45; h. 0,30.

314. Rochers de la Gemmi, côté de Louech.

Signé.
L. 0,45; h. 0,30.

315. Bords d'un lac.

Dessin au crayon noir rehaussé de blanc, signé.
H. 0,43; l. 0,30.

316. Sapins avec barrière.

Dessin au crayon noir rehaussé de blanc, signé.
H. 0,43; l. 0,30.

317. Grands chênes.

Étude au crayon noir rehaussé, signé.
H. 0,45; l. 0,30.

318. Cascade. A gauche, des pins.

Dessin au crayon noir rehaussé, signé.
L. 0,41; h. 0,30.

319. Rochers de l'Oiseau près Royat. Une fileuse au premier plan.

Dessin au crayon noir rehaussé, signé.
L. 0,45; h. 0,30.

320. Grands sapins penchés.

Signé.
H. 0,44; l. 0,30.

321. Cascade.

Dessin au crayon noir rehaussé, signé.
H. 0,44; l. 0,29.

322. Tête Noire (Savoie).

Dessin au crayon noir, signé.

323. Rochers sur le bord d'un lac.

Dessin au crayon noir rehaussé, signé.
H. 0,44; l. 0,30.

324. Cascade d'Allerheillingen (duché de Bade).

Signé.
H. 0,46; l. 0,30,

325. Petite cascade de Tendon.

Dessin au crayon noir rehaussé de blanc et de couleur.
H. 0,45; l. 0,29.

326. Hoh-Kœnisbourg Porte.

Dessin au crayon noir rehaussé de blanc et de couleur. Signé.
H. 0,45; l. 0,30.

327. Les rochers du Grand-Mulet (Suisse).

Dessin au crayon noir rehaussé.
H. 0,45; l. 0,29.

328. L'Hymalaya.

Dessin sur papier bleu au crayon noir rehaussé.
L. 0,45; h. 0,30.

329. Pont de bois entre des rochers.

Dessin au crayon noir rehaussé, signé.
Ovale. H. 0,29; l. 0,22.

329 *bis*. Cascade.

Dessin au crayon noir rehaussé, signé.
Ovale. H. 0,30; l. 0,22.

330 Pont de pierre. Torrent.

Dessin au crayon noir rehaussé, signé.
H. 0,29; l. 0,22.

331. Arbre.

Dessin au crayon noir rehaussé d'un peu de pastel.
H. 0,30; l. 0,22.

332. Maisons allemandes.

Dessin signé, rehaussé de pastel.
H. 0,30; l. 0,22.

333. Sapins à Saint-Ulrich.

Dessin au crayon noir rehaussé, signé.
H. 0,44, l. 0,29.

334. Ruine romane.

Dessin au crayon noir rehaussé, signé.
L. 0,45; h. 0,30.

335. Deux peupliers.

Dessin au crayon noir rehaussé, signé.
H. 0,45; l. 0,30.

336. Château en ruine.

Dessin au crayon noir rehaussé, signé.
L. 0,45; h. 0,30.

337. Pont de bois.

Dessin au crayon noir rehaussé, signé.
L. 0,43; h. 0,29.

338. Ermitage. Arbres.

Dessin au crayon noir rehaussé, signé.
L. 0,46: h. 0,29.

339. Sapins et montagnes.

Dessin au crayon noir rehaussé, signé.
H. 0,45; l. 0,29.

340. Pic de l'OEillette (Grande-Chartreuse).

Dessin au crayon noir rehaussé, signé.
H. 46; l. 0,29.

341. Lac de la Fré, près Grenoble.

Dessin au crayon noir rehaussé, signé.
H. 0,42; l. 0,28.

342. Rochers près Sœlisberg (Suisse).

Dessin au crayon noir rehaussé, signé.
L. 0,45 ; h. 0,30.

343. Sapins.

Crayon noir rehaussé de pastel, signé.
L. 0,46 ; h. 0,30.

344. Lac et sapins à droite.

Signé.
L. 0,46 ; h. 0,30.

345. Maisons anciennes à Trarbach.

Crayon noir rehaussé de pastel, signé.
H. 0,46 ; l. 0,30.

346. Groupe de chênes.

Crayon noir rehaussé, signé.
L. 0,45 ; h. 0,30.

347. Falaise du Croisic.

Crayon noir rehaussé, signé.
L. 0,45 ; h. 0,30.

348. Rochefort-sur-la-Creuse.

Crayon noir rehaussé, signé.
L. 0,45 ; h. 0,30.

349. Sapins à gauche, lac à droite.

Crayon noir rehaussé.
L. 0,45 ; h. 0,30.

350. Entrée de la vallée de Zermatt.

Crayon noir rehaussé, signé.
L. 0,45, h. 0,29.

351. Cascade.

Crayon noir rehaussé.
L. 0,44 ; h. 0,34.

352. Rochers de la Creuse.

Pastel.
L. 0,45 ; h. 0,29.

353. Vallée de Zermatt, prise du Riffel.

Pastel signé.
L. 0,45 ; h. 0,30.

354. Fontaine de Guillaume Tell, à Altorf.

Aquarelle signée.
H. 0,43 ; l. 0,27.

355. Fontaine de Gessler, à Altorf.

Aquarelle signée.
H. 0,43 ; l. 0,27.

356. Maison près Voreppe (Dauphiné).

Aquarelle.
L. 0,48 ; h. 0,34.

357. Porte romaine taillée dans le roc, près Voreppe (Dauphiné).

Aquarelle.
L. 0,42 ; h. 0,27.

358. Ruines de l'abbaye de Saint-Ugon.

Aquarelle signée.
L. 0,44 ; h. 0,27.

359. Place de Voiron.

Aquarelle.
L. 0,50 ; h. 0,37.

360. Ancienne route des Échelles.

Aquarelle.
L. 0,43 ; h. 0,27.

361. Hêtres. A gauche, une cascade.

Aquarelle signée.
L. 0,44 ; h. 0,27.

362. Arbres sur le bord d'un étang. Pont.

Aquarelle signée.
L. 0,44 ; h. 0,27.

363. Pont sur l'Ain, à Siam (Jura).

Aquarelle signée.
L. 0,50 ; h. 0,37.

364. Ruines du château de Tournoël (Auvergne).

Aquarelle signée.
L. 044 ; h. 0,27.

365. Bade. Vieux château.

Aquarelle signée.
H. 0,57 ; l. 0,44.

366. Arbres à gauche, près d'un ruisseau. Effet de soleil couchant.

Aquarelle signée.
L. 0,54 ; h. 0,38.

367. Rochers surmontés d'un buisson rougeâtre.

Aquarelle signée.
L. 0,38 ; h. 0,27.

368. Ruines d'un château en Auvergne.

Aquarelle signée.
L. 0,44 ; h. 0,27.

369. Chemin dans la forêt d'Orléans, près Claireau.

Aquarelle signée.
L. 0,44; h. 0,27.

370. Restes du couvent de Sanctimaison, près Claireau (Loiret).

Aquarelle signée.
L. 0,44; h. 0,27.

371. Lisière d'un bois à Vaugereau.

Aquarelle signée.
L. 0,44; h. 0,27.

372. Étude de pins dans les Vosges.

Aquarelle signée.
H. 0,43; l. 0,27.

373. Vieux poirier.

Aquarelle signée.
L. 0,43; h. 0,27.

374. Intérieur de l'église d'Olivet-sur-Cher.

H. 0,37; l. 0,28.

375. Grands chênes. Effet du soir.

Aquarelle signée.
L. 0,55; h. 0,43.

376. Arbre renversé garni de feuilles mortes. A droite, des vaches.

Aquarelle.
L. 0,51; h. 0,37.

377. A gauche, un chêne sur le bord d'une rivière; à droite, une église.

Aquarelle signée.
L. 0,38; h. 0,27.

378. Ruines du château d'Ièvres-le-Châtel.

Aquarelle signée.
L. 0,55 ; h. 0,40.

379. Maisons à Châteldon.

Aquarelle signée.
L. 0,57 ; h. 0,43.

380. Fontaine près d'un buisson. A gauche, un clocher.

Aquarelle signée.
L. 33 ; h. 0,24.

381. Chêne à droite d'un lac. A gauche, deux personnages dans un bateau.

Aquarelle signée.
L. 0,38; h. 0,27.

382. Ruines de l'Église de la Cour-Dieu.

Aquarelle signée.
L. 0,44 ; h. 0,27.

383. Forêt d'Orléans, près le Colombier.

Aquarelle signée.
L. 0,38 ; h. 0,27.

384. Lac de Suisse avec de grands arbres à gauche.

Aquarelle signée.
L. 0,56; h. 0,44.

385. Rochers près de Thiers, dans la Limagne.

Aquarelle signée.
L. 0,46 ; h. 0,24.

387. Montagnes bleues. Glacier. Église à gauche.

Aquarelle signée.
L. 0,42; h. 0,26.

389. Grands arbres à gauche près d'un lac.

Aquarelle signée.
L. 0,58 ; h. 0,45.

390. Grands chênes en Sologne. Bergers et deux vaches à gauche.

Aquarelle signée.
L. 0,57 ; h. 0,44.

395. Chemins avec arbres à droite ; au milieu, un homme avec un bâton à la main.

Aquarelle signée.
L. 0,48 ; h. 0,35.

396. Vieux chêne isolé. Chèvres à droite.

Aquarelle signée.
L. 0,54 ; h. 0,39.

397. Rivière de l'Ain prise du pont à Siam (Jura).

Aquarelle signée.
L. 0,47 ; h. 0,35.

398. Buisson de hêtres. Deux hommes.

Aquarelle signée.
L. 0,51 ; h. 0,36.

400. Rochers sur les bords de la Creuse au pied de Châteaubrun.

Aquarelle signée.
L. 0,44 ; h. 0,28.

401. Ruines du donjon de Rumfort (Creuse).

Aquarelle signée.
L. 0,49 ; h. 0,35.

403. Grands hêtres.

Aquarelle signée.
L. 0,54 ; h. 0,38.

405. Petit buisson de hêtres (souvenir de Tendon).

Aquarelle signée.
L. 0,33 ; h. 0,24.

406. Chêne en automne. Deux figures.

Aquarelle signée.
L. 0,38; h. 0,27.

407. Anciennes maisons à Ouzouor sur Trezé.

Aquarelle signée.
L. 0,34 ; h. 0,24.

408. Canal à Châtillon-sur-Loire vu du pont.

Aquarelle signée.
L. 0,34; h. 0,24.

409. Canal à Châtillon-sur-Loire.

Aquarelle signée.
H. 0,32 ; l. 0,24.

410. Tour de l'église de Châtillon-sur-Loing.

Aquarelle signée.
H. 0,32; l. 0,24.

411. Chênes, rochers et eau.

Aquarelle signée.
L. 0,55 ; h. 0,42.

412. Traarbach.

Aquarelle signée.
L. 0,51; h. 0,34.

414. Sapins au milieu de rochers.

Gouache signée F. Blin.
Ovale. L. 0,14 ; h. 0,10.

415. Château au haut d'un rocher le long duquel est un chemin que suivent deux personnages et un enfant.

Gouache signée H. C. (Henri Chouppe).
H. 0,14 ; l. 0,10.

416. Inondation de la Loire, vue du haut de la cathédrale d'Orléans, 20, 21 et 22 octobre 1846.

Crayon brun rehaussé sur papier brun. Signé.
L. 0,86 ; h. 0,29.

417. Croquis pour une aquarelle faite pour M. le comte Aguado. A gauche, une barque; à droite, quelques vaches.

Crayon noir.
L. 0,59; h. 0,44.

418. Croquis pour une aquarelle, appartenant à Mme B.

Crayon noir.
L. 0,80 ; h. 0,46.

419. Croquis du pontil et du pont d'Olivet (Loiret). Il a servi à l'artiste pour faire une aquarelle.

Crayon noir.
L. 0,82 ; h. 0,46.

419 [2]. Croquis au bord du Loiret, près de La Fontaine.

Crayon noir.
L. 0,60 ; h. 0,46.

419 [3]. Croquis fait au bord du Loiret dans le parc de La Fontaine.

Crayon noir rehaussé, signé.
L. 0,60 ; h. 0,46.

419[4]. La Motte sur le Loiret.

Crayon noir rehaussé, signé.
L. 0,81 ; h. 0,44.

419[5]. Dépôt de mendicité à Beaugency.

Dessin au noir de lampe, signé.
L. 0,23 ; h. 0,16.

419[6]. Moulin près Rochecorbon.

Dessin au noir de lampe, signé et daté 1840.
L. 0,23; h. 0,16.

419[7]. Chasseur de chamois.

Crayon brun signé.
H. 0,27; l. 0,19.

419[8]. Ferme de Montcloux.

Crayon brun signé et daté 1846.

419[9]. Château de Fougères. Porte. Trois enfants au premier plan.

Sépia datée 1831.
H. 0,19; l. 0,15.

420. Vue prise à Maten (Suisse).

Dessin à la mine de plomb, signé C. P. et daté 1839
H. 0,23; l. 0,19.

421. Paysage des Vosges. Pont que traverse une femme.

Dessin à la mine de plomb, signé et daté 1833.
H. 0,22; l. 0,17.

422. Petit pont de pierre, arbre et maison.

Dessin à la mine de plomb, signé.
L. 0,18; h. 0,15.

423. Vieux moulin d'Olivet.

Aquarelle signée et datée 1830.
L. 0,22; h. 0,19.

424. Petite vue prise du donjon à Saint-Vrain.

Aquarelle.
H. 0,18; l. 0,15.

425. Bonde d'étang.

Dessin à la mine de plomb, signé et daté 1883.
L. 0,23; h. 0,20.

426. Arbres sur la Bièvre.

Croquis à la mine de plomb, daté 16 septembre 1831.
H. 0,23; l. 0,18.

427. Petite tête de vieillard d'après Greuze.

Dessin à la mine de plomb.
H. 0,15; l. 0,15.

428. Moulin près Rochecorbon.

Crayon brun, signé et daté 1er juin 1845.
H. 0,27; l. 0,21.

429. Église. Chariot des Vosges.

Sépia.
L. 0,20; h. 0,15.

430. Escalier avec perron.

Sépia.
H. 0,19; l. 0,12.

431. Figurine antique assise, appuyée sur un pilastre.

Mine de plomb.
L. 0,21; h. 0,14.

432. Église de Saint-Brisson. A droite, un puits.

Crayon brun signé.
L. 0,18 ; h. 0,12.

433. Vache et âne couchés.

Crayon brun rehaussé.
L. 0,25 ; h. 0,18.

434. Intérieur de cour garnie d'une vigne. Au milieu, une tourelle.

Mine de plomb.
L. 0,23 ; h. 0,19.

435. Tête de bélier ornée.

Crayon noir rehaussé sur papier brun.
H. 0,23 ; l. 0,21.

436. Escalier. A gauche, un paysan tenant un bâton et un panier.

Sépia.
L. 0,23 ; h. 0,17.

437. Intérieur de cour dans le faubourg Saint-Jean.

Aquarelle signée et datée 1831.
L. 0,22 ; h. 0,18.

438. Vieux château. Saules. Pont.

Dessin à la mine de plomb, signé.
L. 0,29 ; h. 0,19.

439. Vieux château. Porte d'entrée. Pont.

Dessin à la mine de plomb, signé.
L. 0,22 ; h. 0,18.

440. Tour avec des arbres.

Dessin à la mine de plomb, signé.
L. 0,21 ; h. 0,16.

441. Vue du village de Maten (Suisse). Fontaine.

Dessin à la mine de plomb, signé.
H. 0,22; l. 0,18.

442. Site sauvage. Sapins. Rochers.

Dessin à la mine de plomb, signé et daté 22 novembre 1833.
H. 0,27 ; l. 0,20.

443. Maison à Royat. Une femme sous une terrasse couverte. Deux chiens.

Crayon brun signé.
L. 0,28; h. 0,20.

444. Vue générale de Châteaurenard.

Dessin au noir de lampe, signé et daté 1839.
L. 0,24 ; h. 0,16.

445. Porte à Sully-sur-Loire, détruite.

Dessin au noir de lampe, signé.
L. 0,23 ; h. 0,16.

446. Porte à Saint-Vrain.

Aquarelle.
L. 0,16; h. 0,11.

447. Galerie de l'abbaye de Cornilly.

Aquarelle signée et datée 1831.
H. 0,25; l. 0,20.

448. Chêne. Château à droite.

Mine de plomb.
L. 0,29; h. 0,20.

449. Ermite.

Sépia signée.
H. 0,20; 0,15.

450. Falaise au Croisic.

Aquarelle signée.
L. 0,27 ; h. 0,19.

451. Bergère du Berri, debout, les bras croisés.

Aquarelle signée.
Ovale. H. 0,24 ; l. 0,18.

452. Maisons à Royat. Charrette à droite.

Aquarelle.
L. 0,28 ; h. 0,20.

453. Maisons à Royat. Quatre femmes causent.

Aquarelle signée.
L. 0,28 ; h. 0,18.

454. Portrait de saint Éloi. Au premier plan, une femme portant un panier.

Pastel, signé, sur papier plâtré.
L. 0,25 ; h. 0,16.

454 *bis*. Quelques vaches sur une route.

Aquarelle.
L. 0,16 ; h. 0,10.

455. Vue prise derrière Saint-Marc, près Orléans.

Aquarelle.
L. 0,42 ; h. 0,26.

456. Vue prise près Vaugereau. Saules.

Aquarelle.
L. 0,30 ; h. 0,23.

457. Ancienne maison à Ouzouer-sur-Trezé.

Aquarelle.
L. 0,28 ; h. 0,22.

458. La ville de Quimperlé. Au premier plan, un pont; dans le fond, une tour.

Aquarelle.
L. 0,44; h. 0,34.

459. Pont. Pêcheur arrangeant ses filets.

Sépia signée,
L. 0,36; h. 0,26.

460. Petite cascade. Ane et son ânon couchés; au-dessus, un clocher.

Crayon brun rehaussé, signé.
L. 0,25; h. 0,17.

461. Effet de neige.

Crayon brun rehaussé, signé.
L. 0,22; h. 0,14.

462. Pêcheur sur un arbre incliné.

Aquarelle.
L. 0,27; h. 0,18

463. Bergère du Berri, assise. A ses pieds, un chien.

Aquarelle.
Ovale. H. 0,23; l. 0,18.

464. Pont à Tavers.

Aquarelle signée.
L. 0,38; h. 0,27.

465. Vue d'une plaine. Pins à droite.

Aquarelle.
L. 0,27; h. 0,18.

466. Souvenir du grand mail à Orléans avant sa destruction.

Aquarelle.
H. 0,29; l. 0,21

467. Châlet à Meyringen.

Aquarelle signée et datée 1838.
L. 0,33 ; h. 0,26.

468. Intérieur de cour, avant la construction de la rue Jeanne d'Arc.

Aquarelle.
Ovale. H. 0,35 ; l. 0,26.

469. Frênes et peupliers près Claireau. A droite, une vache.

Aquarelle.
L. 0,38 ; h. 0,25.

470. Grands arbres près d'une prairie. Vaches.

Aquarelle.
L. 0,27 ; h. 0,18.

471. Moulin à Venon.

Aquarelle.
L. 0,34 ; h. 0,24.

472. Église d'Herbilly.

Aquarelle signée.
H. 0,26 ; l. 0,18.

473. Rivière de l'Eaugrognes, près Plombières.

Dessin à la mine de plomb, signé et daté 25 août 1832.
L. 0,32 ; h. 0,25.

474. Grands chênes à gauche. Lac à droite. Deux figures.

Aquarelle signée.
L. 0,42 ; h. 0,27.

475. Noyer à Vaugereau.

Dessin au crayon brun, signé et daté 1846.
L. 0,29 ; h. 0,20.

476. Croix renversée. A gauche, une église.

Dessin au crayon brun, signé.
L. 0,24 ; h. 0,16.

477. Buisson à gauche; église dans le lointain.

Dessin au crayon brun, signé.
L. 0,20; h. 0,14.

478. Noyer à Vaugereau.

Crayon brun, signé et daté 30 septembre 1846.
L. 0,30 ; h. 0,22.

479. Abbaye de Cornilly.

Crayon brun, signé.
L. 0,22; h. 0,14.

480. Maisons à Saint-Laurent-des-Eaux. Au premier plan, un paysan près d'une brouette.

Sépia signée.
L. 0,29 ; h. 0,22.

481. Château de Chaumont. Au premier plan, deux personnages assis.

Sépia.
L. 0,21 ; h. 0,17.

482. Vaches et deux enfants.

Dessin à la mine de plomb, signé.
L. 0,21 ; h. 0,16.

483. Près Vaugereau. A gauche, une tour crénelée.

Dessin au crayon brun, signé.
L. 0,28; h. 0,20.

484. Clair de lune. Église.

L. 0,27 ; h. 0,19.

485. Ferme de Montecloux. A droite, une vache et un saule.

Crayon brun signé.
L. 0,30 ; h. 0,22,

486. Étude de saules.

Crayon brun signé.
H. 0,28 ; l. 0,22.

487. Étude de cormier.

Crayon brun signé et daté 1845.
H. 0,29 ; l. 0,22.

488. Étude de hêtre. A gauche, une tour.

Dessin au crayon brun, signé.
H. 0,30 ; l. 0,22.

489. Étude de bouleaux.

Crayon brun signé.
H. 0,29 ; l. 0,20.

490. Étude d'orme.

Crayon brun signé.
H. 0,29 ; l. 0,22.

491. Étude de platanes et d'un peuplier.

Crayon brun signé et daté 1845.
H. 0,29 ; l. 0,21.

492. Tronc de chêne. Un chasseur à gauche.

Crayon brun signé.
H. 0,24 ; l. 0,16.

493. Tronc de pin. Deux lapins.

Crayon brun signé.
H. 0,30 ; l. 0,22.

494. Paysage de Suisse.

Crayon noir rehaussé, signé.
L. 0,45 ; h. 0,30.

495. Colonnes en ruine.

Dessin au crayon noir, signé.
Ovale. H. 0,54 ; l. 0,43.

496. Paysage. Au premier plan, une vasque.

Dessin au crayon noir, signé.
Ovale. H. 0,54 ; l. 0,43.

497. Arbres.

Croquis au crayon brun.
L. 0,39; h. 0,28.

498. Restes d'une porte et d'un escalier à Lavardin.

Aquarelle.
L. 0,44 ; h. 0,27.

499. Fontaine du XVIe siècle à Guingamp.

Dessin au crayon noir, signé.
H. 0,42 ; l. 0,30.

500. Carrière à Vaugereau.

Aquarelle.
L. 0,43 ; h. 0,26.

501. Vieille bergère de Sologne avec son chien et ses moutons.

Aquarelle.
H. 0,22 ; l. 0,20.

502. Rochers. A droite, deux chasseurs.

Dessin au crayon noir, signé.
L. 0,73 ; h. 0,39.

503. Arbres de la digue Girard, près la Gaudinière (Loir-et-Cher).

Aquarelle signée et datée 1868.
L. 0,51 ; h. 0,35.

504. Église et portail de l'église Saint-Jean, à Châteaudun (Eure-et-Loir).

Aquarelle signée.
L. 0,51 ; h. 0,33.

505. Le Chasseur de chamois.

Lithographie de Villeneuve, d'après un dessin de Coignet.
L. 0,54 ; h. 0,46.

506. Étude d'arbres.

Dessin au crayon brun.
L. 0,44 ; h. 0,28.

507. Tête d'une républicaine.

Dessin aux trois crayons, signé.
H. 0,44 ; l. 0,28.

508. Tête de jeune fille d'après Greuze.

Dessin aux trois crayons, signé.
H. 0,38 ; l. 0,28.

509. Vieux bonhomme avec son âne.

Aquarelle.
L. 0,18 ; h. 0,16.

510. Saule, chênes. A gauche, une vache paissant.

Crayon brun rehaussé, signé.
L. 0,28 ; h. 0,19.

511. Petite chapelle devant une touffe d'arbres.

Mine de plomb.
L. 0,23 ; h. 0,17.

512. Paysan debout à sa porte.

Aquarelle signée.
H. 0,22 ; l. 0,17.

513. Cheval traînant une charrette, passant sur un pont. Fond de paysage.

Dessin sur papier bleu rehaussé, signé.
L. 0,43 ; h. 0,28.

514. Étude de chênes. Dans le fond, à droite, quelques fabriques.

Dessin à la mine de plomb sur papier blanc, signé.
H. 0,44; l. 0,35.

515. Intérieur de ferme. Près d'une porte, une femme debout ; à droite, une échelle, un poinçon et une hotte.

Dessin à la sépia.
L. 0,17; l. 0,13.

516. Ruines d'une église. Portail roman devant une mare. A gauche, un ecclésiastique et un paysan.

Aquarelle signée.
L. 0,53; h. 0,35.

517. Ruines d'une église. Effet de soleil couchant. Au premier plan, un berger garde des chèvres.

Signé.
L. 0,27; h. 0,19.

518. Montagne au milieu de touffes d'arbres. A droite, un cerf et un chevreuil.

Crayon brun signé.
L. 0,25 ; h. 0,17.

519. Cour précédant l'entrée d'un parc.

Dessin à la mine de plomb, signé.
L. 0,24; h. 0,18.

520. Château de Tournoël (Auvergne).

Dessin à la mine de plomb, signé et daté 1849.
L. 0,68; h. 0,36.

521. Rochers et pins au Grandson.

Dessin au fusain rehaussé, sur papier bleu, signé.
L. 0, 46; h. 0,30.

522. Arche d'un pont en ruine. Au-dessus, des arbres; à droite, un rocher et des montagnes.

Dessin au fusain sur papier bleu, signé.
L. 0,58; h. 0,44.

523. Pins, montagne, pont rustique sur un cours d'eau.

Fusain rehaussé sur papier bleu, signé.
H. 0,45; l. 0,29.

524. Les Enfants désobéissants. Les uns sont dans un bateau, d'autres jouent et se battent sur un rocher.

Fusain signé et daté 1849.
L. 0,80; l. 0,57.

525. Ruines d'une église gothique.

Aquarelle.
H. 0,29; l. 0,19.

526. Arbres. Quelques vaches au premier plan.

Aquarelle.
L. 0,44; h. 0,28.

527. Rendez-vous de chasseurs. Grands chênes.

Aquarelle.
L. 0,95 ; h. 0,60.

528. Grands hêtres, barrage. Montagnes à droite.

Aquarelle signée.
L. 0,96 ; h. 0,64.

529. Grands chênes. Petite barque à gauche.

Aquarelle.
L. 0,95 ; h. 0,60.

530. Grands arbres. Voiture de paysan dételée.

Aquarelle.
L. 0,95 ; h. 0,63.

531. Deux paysages.

Aquarelles signées.
Ovales. H. 0,70 ; l. 0,52.

532. Rochers de Tendon (Vosges).

Aquarelle signée.
H. 0,71 ; l. 0,51.

533. Cascade de Keroil (Mont-d'Or).

Aquarelle signée.
H. 0,71 ; l. 0,51.

534. Cascade de Giesbach (Suisse).

Aquarelle signée.
H. 0,72 ; l. 0,52.

535. Rochers et rivière de la Sédelle.

Aquarelle signée.
L, 0,95 ; h. 0,62.

536. Vallée de la Meuse. Jeanne d'Arc gardant ses moutons.

Aquarelle.
L. 1 mètre; h. 0,61.

537. Grands noyers près d'un lac.

Aquarelle signée.
L. 0,95; h. 0,62.

538. Grands hêtres près d'une mare.

Aquarelle.
L. 0,95; h. 0,62.

540. Rivière près le pont de Gargillesse.

Aquarelle signée.
L. 0,71; h. 0,50.

541. Falaises au Croisic.

Aquarelle signée.
L. 0,71; h. 0,52.

542. Grands arbres. Petite barque à droite.

Aquarelle signée.
L. 0,71; h. 0,47.

543. Château de Chatelux (Yonne), près d'une chute de la Cure.

Aquarelle signée.
L. 0,72; h. 0,51.

544. Douarnenez. Barques.

Aquarelle signée.
L. 0,73; h. 0,51.

545. Rochers et rivière de la Sédelle.

Aquarelle.
L. 0,71; h. 0,58.

546. Saint-Benoît-sur-Loire (Loiret). Portail ouest.

Aquarelle signée.
L. 0,44 ; h. 0,29.

549. Vue générale des mines de Crozan.

Aquarelle signée.
L. 0,73 ; h. 0,52.

550. Cap Saint-Mathieu (Bretagne).

Aquarelle signée.
L. 0,72 ; h. 0,51.

551. Ruines de l'église de Longpont.

Aquarelle signée.
L. 0,74 ; h. 0,53.

552. Pont, ville et château de Montrichard.

Aquarelle signée.
L. 0,73 ; h. 0,53.

553. Dolmen à Douarnenez.

Aquarelle signée.
L. 0,71 : h. 0,51.

555. Rue principale de Vitré (Bretagne).

Aquarelle signée.
L. 0,74 ; h. 0,53.

556. Effet de neige à Gasteren.

Aquarelle signée.
L. 0,73 ; h. 0,52.

557. Lauterbrun. La Yung-Frau.

Aquarelle signée.
L. 0,72 ; h. 0,52.

558. Rivière entourée d'arbres.

Aquarelle signée.
L. 0,74; h. 0.52.

559. Rocamadour (Lot).

Aquarelle signée.
L. 0,72; h. 0,51.

560. Canal à Quimper.

Aquarelle signée.
L. 0,71; h. 0,51.

561. Pont à Royant.

Aquarelle signée.
L. 0,71; h. 0,51.

562. Val Ferrire, dans les Grisons.

Aquarelle signée.
L. 0,72; h. 0,51.

563. Le château de Châtelux et la rivière de la Cure.

Aquarelle.
L. 0.73; h. 0,52.

564. Gorge de Pfeffer (Suisse).

Aquarelle signée.
L. 0,94; h. 0,61.

565. Rochers de la Sédelle, à Crozon. A gauche, une chèvre gardée par une femme.

Aquarelle signée. Sous verre.
L. 0,70; h. 0,49.

566. Parc du château de Rouville.

Fusain rehaussé sur papier gris bleu.

Au bas du dessin on lit : Parc du château de Rouville, pris de ma chambre, 3 septembre 1867, signé Charles Pensée ; et en haut, les noms des divers villages qu'on aperçoit.

568. Ancienne forêt de Plissay, près d'Olivet (Loiret).

Crayon noir rehaussé sur papier jaune. Sous verre.
L. 0,58 ; h. 0,46.

569. Grande chute du Rhin.

Fusain sur papier jaune, signé.
L. 1,09 ; h. 0,73.

570. Chute de rivière (Jura). A droite, des montagnes ; à gauche, un hêtre.

L. 0,70 ; h. 0,49.

571. Cascade du Quereil (Auvergne).

H. 0,56 ; l. 0,43.

573. Le Moulin du Bouchot.

Aquarelle.
L. 0,44 ; h. 0,27.

574. Une rue de Châtillon.

Aquarelle.
L. 0,27 ; h. 0,18.

575. Croquis. Un bûcheron au premier plan.

Signé.
L. 0,30 ; h. 0,22.

576. Maisons en pans de bois, avec clocher dans le fond.

Aquarelle.
L. 0,27 ; h. 0,18.

578. Portail de la Cour-Dieu.

Aquarelle signée.
H. 0,55; l. 0,42.

579. Rivière de l'Ain et pont à Siam (Jura).

Aquarelle signée.
L. 0,71; h. 0,50.

580. Ermitage. Montagnes derrière une chapelle. Ermite assis.

L. 0,43; h. 0,26.

581. Parc de Vaugereau. Grands arbres; deux vaches et de l'eau au premier plan.

Aquarelle.
L. 0,38; h. 0,28.

582. Cascade de Staubibach, dans la vallée de Schoechental.

Fusain signé.
H. 0,86; l. 0,60.

583. Via mala.

Fusain signé.
H. 0,86; l. 0,59.

584. Pont d'Olivet.

Aquarelle signée et datée 1841.
L. 0,37; h. 0,26.

585. Deux chemins, allégorie religieuse.

Fusain.
H. 0,90; l. 0,62.

586. Enfants perdus.

Crayon noir sur papier brun rehaussé, signé et daté 1849.
L. 0,82; h. 0,56.

587. Château du Hallier.

Six feuilles. Plans et coupes.

588. Ermite lisant dans une solitude.

Fusain signé.
L. 0,62 ; h. 0,45.

589. Croix près d'un pont en bois. Dans le fond, des montagnes.

Sépia.
L. 0,40 ; h. 0,28.

590. Château du Hallier.

Aquarelle signée et datée 1868.
L. 0,63 ; h. 0,39.

591. Château du Hallier.

Crayon noir, rehaussé de pastel.
L. 0,60 ; h. 0,43.

592. Le Pontil. Saule.

Aquarelle signée.
L. 0,36 ; h. 0,25.

593. Le Pontil. Terrasse du château.

Aquarelle signée et datée 1839.
L. 0,37 ; h. 0,25.

594. Le Pontil, vu du pont d'Olivet (Loiret).

Aquarelle signée et datée 1839.
L. 0,37 ; h. 0,24.

595. Petit pont d'Orléans (port de Recouvrance).

Aquarelle signée.
L. 0,22 ; h. 0,13.

596. Le grand Mail extérieur avant 1848.

Aquarelle signée.
L. 0,43 ; h. 0,28.

597. Le grand Mail extérieur après 1848.

Aquarelle signée.
L. 0,43 ; h. 0,28.

598. Ancienne porte Barentin.

Encre de Chine signée et datée 1839.
L. 0,39 ; h. 0,25.

600. Ancienne maison avant la construction de la rue Jeanne-d'Arc (Orléans).

Aquarelle signée.
H. 0,33 ; l. 0,23.

601. Église Saint-Euverte et tour à Pinguet (Orléans).

Aquarelle signée et datée 1840.
H. 0,29 ; l. 0,22.

602. Ancienne tour de la ville d'Orléans ayant servi de poudrière.

Aquarelle.
L. 0,21 ; h. 0,15.

603. Vue prise du mont Bedet en regardant la campagne.

Aquarelle signée.
L. 0,41 ; h. 0,24.

604. Tour du clocher de Saint-Pierre-Empont à l'intérieur.

Aquarelle signée et datée 1830.
H. 0,43 ; l. 0,31.

605. Tour du clocher de Saint-Pierre-Empont à l'extérieur.

Aquarelle signée et datée 1840.
H. 0,44 ; l. 0,31.

606. Moulin à vent derrière l'église Saint-Vincent (Orléans).

Aquarelle signée.
L. 0,27 ; h. 0,21.

607. Église de la chapelle Saint-Mesmin (Loiret).

Aquarelle signée.
L. 0,38 ; h. 0,25.

608. Inondation de la Loire en 1826.

Sépia signée et datée 9 décembre 1826.
L. 0,21 ; h. 0,16.

609. Tonneliers sur le quai de Recouvrance.

Dessin à l'encre de Chine, signé.
L. 0,24 ; h. 0,16.

610. Inondations de la Loire.

Croquis à la mine de plomb, signé et daté 10 décembre 1826.

611. Villeneuve-l'Étang. Château au premier plan. Quatre vaches gardées par un homme debout.

Aquarelle signée.
L. 0,34; h. 0,25.

612. Château de Villeneuve-l'Étang.

Aquarelle signée et datée 1855.
L. 0,44; h. 0,27.

613. Torrent à Royat.

Aquarelle signée.
L. 0,42 ; h. 0,28.

616. Donjon à Saint-Vrain (Nièvre).

Croquis signé et daté septembre 1850.
L. 0,29 ; h. 0,20.

617. Première écluse du canal de Briare.

Aquarelle signée.
L. 0,37 ; h. 0,26.

618. Ancienne carrière de Venon-près-Briare.

Aquarelle signée.
L. 0,29 ; h. 0,21.

620. Ruines d'un château.

Aquarelle signée.
L. 0,33 ; h. 0,25.

621. Vallée du Rhône.

Aquarelle signée.
L. 0,27 ; h. 0,18.

622. Près Briare.

Aquarelle signée.
L. 0,39 ; h. 0,21.

624. Près Autun.

Aquarelle signée.
L. 0,16 ; h. 0,9.

625. Chapelle dans le Morvan.

Aquarelle signée.
L. 0,23 ; h. 0,17.

626. Porte Saint-Jean.

Aquarelle signée et datée 1840.
L. 0,36 ; h. 0,25.

627. Montrichard.

Encre de chine, signée.
L. 0,23 ; h. 0,15.

628. Prison de Jeanne d'Arc à Rouen.

Sépia signée.
L. 0,18 ; h. 0,13.

629. Moulin à Rochecorbon.

Encre de Chine sur papier jaune, signée.
L. 0,21 ; h. 0,16.

630 à 690. Sépias.

691. Pont que traverse un homme à cheval ; à gauche, des arbres.

Sépia signée.
L. 0,40 ; h. 0,27.

692. Château en ruines.

Sépia.
H. 0,26 ; l. 0,20.

693. Trois hommes se chauffent près d'un feu allumé le long d'une large pierre.

Sépia signée.
L. 0,40 ; h. 0,27.

694. Maison près d'un chemin.

Crayon noir, signé Rabigot.
L. 0,27 ; h. 0,22.

695. Vue de Vitré (Bretagne).

Crayon noir rehaussé, signé.
L. 0,60 ; h. 0,45.

696. Grand croquis du parc de la Fontaine, près Orléans. Vaches à droite, pont à gauche.

Crayon noir rehaussé, signé.
L. 0,90 ; h. 0,46.

698. Parc de Vaugereau. Écureuil à droite.

Crayon noir. Sous verre.
H. 0,59 ; l. 0,41.

699. Parc de Vaugereau. Deux lapins à gauche.

Crayon noir.
H. 0,59 ; l. 0,41.

700. Ruines d'un château au XVIe siècle, à Tournoël (Auvergne).

Aquarelle signée.
H. 0,27 ; l. 0,21.

701. Portes en ruines à Yèvres-le-Châtel.

Aquarelle.
L. 0,27 ; h. 0,18.

702. Montagnes de Suisse. Au premier plan, des vaches, un homme et son chien.

Aquarelle signée.
L. 0,37 ; h. 0,25.

703. Deux aquarelles sur le même passe-partout. L'une représente un laboureur traçant ses sillons ; à gauche, un chasseur et son chien. Dans l'autre, on voit deux paysans couchés devant un pays très-boisé.

L. 0,37 ; h. 0,13.

704. Touffe d'arbres à droite ; à gauche, deux hommes debout.

Mine de plomb.
L. 0,23 ; h. 0,19.

705. Arbre et rocher derrière. A droite, un chemin que parcourt un homme.

Mine de plomb, signée.
L. 0,22 ; h. 0,17.

706. Deux arbres à gauche, devant des rochers au bas desquels l'eau coule. A gauche, trois personnages.

Mine de plomb.
L. 0,20; h. 0,15.

707. Forêt de la Vierge, près d'Épinal (Vosges). Devant, des moutons conduits par un berger.

Mine de plomb, signée.
L. 0,22 ; h. 0,19.

708. Maison avec une petite tourelle sur une hauteur entourée d'arbres.

Mine de plomb, signée.
L. 0,22 ; h. 0,17.

709. Étude de tilleul.

Mine de plomb.
H. 0,24 ; l. 0,20.

710. Chêne, étude.

Crayon brun, signé.
H. 0,30 ; l. 0,22.

711. Arbres et saules au bord d'une mare sur laquelle il y a trois canards.

Mine de plomb, signée.
L. 0,25; h. 0,19.

712. Restes du pont de Venon, sur le canal de Briare.

Aquarelle signée.
L. 0,44 ; h. 0,27.

714. Lac de Suisse. Au milieu, une barque; derrière, des montagnes.

Aquarelle.
L. 0,33 ; h. 0,20.

715. Vaches dans une prairie que baigne un cours d'eau.

Aquarelle signée.
L. 0,20 ; h. 0,13.

716. Arbres et pont. A gauche, une habitation surmontée d'une tourelle.

Aquarelle signée.
L. 0,28 ; h. 0,18.

717. Maison entourée de vignes. A droite et à gauche, des arbres.

Aquarelle signée.
L. 0,27 ; h. 0,18.

718. Moulin à eau.

Aquarelle.
L. 0,16 ; h. 0,11.

719. Deux ermites au milieu d'un désert.

Crayon noir et aquarelle signée.
L. 0,49 ; h. 0,34.

720. Arbres et cours d'eau.

Fusain sur papier brun, signé.
L. 0,47 ; h. 0,31.

721. Château et tour en ruines. A gauche, de l'eau, une barque et des montagnes.

Aquarelle signée.
L. 0,51 ; h. 0,36.

722. Tour en ruines à Beaugency. A gauche, une femme et une chèvre.

Aquarelle signée.
L. 0,49 ; h. 0,32.

723. Arbres et montagnes. Au premier plan, de l'eau, un homme et une femme.

Aquarelle signée.
L. 0,49 ; h. 0,35.

724. Arbres baignés par un cours d'eau. A gauche, un moulin à eau et des montagnes.

Aquarelle signée.
L. 0,51 ; h. 0,34.

725. Hêtres et pierres au premier plan. A gauche, un homme debout.

Aquarelle signée.
L. 0,44 ; h. 0,27.

726. Pont que traversent un homme et une femme. A droite, des arbres ; à gauche, des montagnes.

Aquarelle signée.
L. 0,44 ; h. 0,27.

727. Une maison avec des arbres à droite et à gauche.

Crayon brun rehaussé, signé.
L. 0,29 ; h. 0,21.

728 Étude de pins d'après nature. A gauche, un homme debout appuyé près d'un rocher.

Crayon brun rehaussé, signé.
H. 0,25 ; l. 0,17.

729. Arbres et rochers.

Croquis sur papier brun, fusain rehaussé, signé.
L. 0,29 ; h. 0,21.

730. Étude d'un pin.

Crayon brun rehaussé, signé.
H. 0,29 ; l. 0,22.

731. Sapins et rochers. A gauche, une chèvre.

Crayon brun rehaussé, signé.
H. 0,29 ; l. 0,22.

732. Étude d'arbre. Derrière, un petit obélisque.

Crayon brun, signé.
H. 0,29 ; l. 0,22.

733. Étude de vieux saules.

Crayon brun, signé.
H. 0,28 ; l. 0,22.

734. Étude de poirier. Au bas de l'arbre, une petite fille tient une baguette.

Crayon brun, signé.
L. 0,29 ; h. 0,22.

735. Chapelle entourée d'arbres.

Crayon brun, signé.
H. 0,30 ; l. 0,22.

736. Enfants assis près d'une maison que des arbres abritent.

Crayon brun, signé.
L. 0,24 ; h. 0,14.

737. Étude d'arbre. A gauche, une tourelle en ruines.

Crayon brun, signé.
H. 0,29; l. 0,22.

738. Parc de Vaugereau.

Crayon brun, signé.
L. 0,29; h. 0,20.

739. Château de Véz (Aisne).

Crayon brun, signé.
L. 0,29; h. 0,22.

740. Enfant tenant un bâton et traversant un cours d'eau.

Crayon brun, signé.
L. 0,20; h. 0,14.

741. Moulin de Venon.

Crayon brun, signé.
L. 0,22; h. 0,14.

742. Tourelle et ruine couverte d'un buisson.

Crayon brun, signé.
L. 0,24; h. 0,15.

743. Étude de chênes.

Crayon brun, signé.
H. 0,33; l. 0,24.

744. Château de la Gaudinière (Loir-et-Cher), à M. le duc de la Rochefoucauld.

Crayon noir rehaussé de pastel sur papier brun, signé.
L. 1,06; h. 0,60.

745. Château de la Gaudinière. La chapelle à droite. Pendant du précédent.

Crayon noir rehaussé de pastel sur papier brun, signé.
L. 1,07; h. 0,59.

746. Croquis du dessin précédent.

Crayon noir sur papier bleu, rehaussé de pastel.
L. 1,08 ; h. 0,46.

747. Croquis du château de la Gaudinière.

Crayon noir rehaussé de pastel sur papier bleu, signé.
L. 1,02 ; h. 0,46.

748. Château de Chevaux.

Crayon noir rehaussé de pastel sur papier bleu, signé et daté 1868.
L. 0,94 ; h. 0,44.

749. Château de Claireau. Trois personnes dans une barque.

Crayon noir rehaussé de pastel sur papier bleu. Daté 20 août 1868.
L. 0,97 ; h. 0,45.

750. Château de Claireau. Vaches au premier plan.

Crayon noir rehaussé de pastel sur papier bleu, signé et daté 19 août 1868.
L. 1,02 ; h. 0,45.

751. Château de Claireau, vu de face. A gauche, un arbre à l'extrémité d'une pelouse que l'eau baigne ; à droite, des sapins.

Crayon noir sur papier gris.
L. 1 m. ; h. 0,45.

752. Château de Claireau. A droite, le château ; à gauche, trois vaches.

Crayon noir sur papier gris.
L. 1,04 ; h. 0,45.

GRANDS
PORTEFEUILLES DE DESSINS

FAITS EN DIVERS VOYAGES

DE 1855 A 1869

PAR CHARLES PENSÉE.

PREMIER PORTEFEUILLE.

LE MORVAND.

753. Quarante-six dessins, et aquarelles.

DEUXIÈME PORTEFEUILLE.

LE DAUPHINÉ.

754. Cinquante-deux dessins, et aquarelles.

TROISIÈME PORTEFEUILLE.

LA SUISSE.

755. Trente-huit dessins.
Seize aquarelles.

QUATRIÈME PORTEFEUILLE.

LA BRETAGNE.

756. Vingt-neuf dessins.
Vingt-quatre aquarelles.

CINQUIÈME PORTEFEUILLE.

LE DAUPHINÉ.

757. Vingt-huit dessins, et aquarelles.

SIXIÈME PORTEFEUILLE.

FRANCE, SUISSE ET SAVOIE.

758. Cinquante-deux dessins, et aquarelles.

SEPTIÈME PORTEFEUILLE.

LA LORRAINE, ALSACE.

759. Vingt-sept dessins, et aquarelles.

HUITIÈME PORTEFEUILLE.

LA PRUSSE RHÉNANE.

760. Quinze crayons dessins, et aquarelles.

NEUVIÈME PORTEFEUILLE.

INDRE ET CREUSE.

761. Cinquante-quatre dessins, et aquarelles.

DIXIÈME PORTEFEUILLE.

BEAUCE ET SOLOGNE.

762. Onze dessins, et aquarelles.

ONZIÈME PORTEFEUILLE.

SUISSE.

763. Trente-sept dessins, et aquarelles.

DOUZIÈME PORTEFEUILLE.

LE SOISSONNAIS.

764. Vingt-trois dessins, et aquarelles.

TREIZIÈME PORTEFEUILLE.

LA VENDÉE.

765. Vingt dessins, et aquarelles.

QUATORZIÈME PORTEFEUILLE.

LA CREUSE, LA SÉDELLE.

766. Trente-deux dessins, et aquarelles.

QUINZIÈME PORTEFEUILLE.

766 *bis*. CHATEAU DE LA GAUDINIÈRE.

SEIZIÈME PORTEFEUILLE.

LOT, CORRÈZE, CANTAL.

767. Trente-deux dessins, et aquarelles.

768. Traités de perspective par M. Pensée.

FIN.

www.ingramcontent.com/pod-product-compliance
Ingram Content Group UK Ltd.
Pitfield, Milton Keynes, MK11 3LW, UK
UKHW022118260726
13993UKWH00003B/1087